子どもたちが輝く運動会！

子どもたちは、日々の生活の中で、目覚ましく育っています！　考える力・運動する力・感じる力・表現する力。そんな子どもたちを、輝かせるのが運動会だと僕は思っています。

うれしくて笑顔がはじけていたり、おもしろいことに瞳がキラキラしていたり、額の汗が光っていたり、できないことがくやしくて涙を流していたり。それは全部、子どもたちの輝きですよね。

子どもたちがただ、懸命に走っていたり、踊っていたり、うたっていたりするだけで、大人はなんだか胸がいっぱいになったりします。それはきっと命が輝いているからなんだと思うのです。

子どもたちがもっと輝くには、いったい何をしたらいいのかな？　悩んでいる先生たちはたくさんいることと思います。この本では、すでに保育現場でよくうたわれている僕の歌の中から、運動会にぴったりの歌をいくつか選び、もともと振付がないものには新たに振付をして紹介しています。また、入場行進や親子の遊びなど、新しい歌も書き加えました。ここに紹介した歌や体操やダンスや遊びが、運動会の役に立てればうれしいです。

運動会がさらに盛りあがって、子どもたちが輝きますように！

新沢としひこ

この本について

オープニングからエンディングまで、
運動会を楽しくするダンスや体操を、運動会の流れに沿って8つの項目で紹介しています。

本書の構成

入場行進
運動会のオープニングにぴったりの入場行進曲。アレンジとして、4～5歳児向けのダンスも紹介しています。

準備体操
けがのない運動会のためには、準備体操が欠かせません。楽しい準備体操を紹介しています。

ぐんぐんダンス
かっこいい振付のダンスやポンポンダンスなど、主に4～5歳児向けのダンスです。

のびのびダンス
かわいい振付のダンスや、練習がほとんど必要がない簡単なダンスなど、主に3～4歳児向けのダンスです。

ほわほわダンス
1～3歳児向けの親子で楽しめるやさしくシンプルなダンスや遊びです。

わいわいダンス
みんなで写真を上手に撮るためのダンスや、大人も子どももみんなで参加できる音頭を紹介しています。

職員ダンス
保育者のためのかわいらしいダンスです。また、4～5歳児向けの簡単なダンスも紹介しています。

エンディング
応援してくれた家族や地域の人たちに、ハンカチを振ってお別れするエンディングダンスです。

ページの見方

アナウンス
運動会当日に、ダンスや体操への期待を膨らませるアナウンス例です。自由にアレンジして、自分の園にあったアナウンスにしてください。

CD♪Track
CD『新沢としひこの おどる！ 運動会』（別売）のTrackナンバーです。

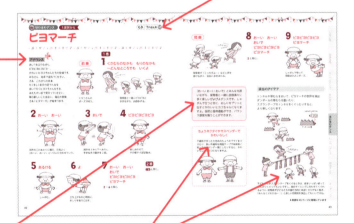

保育のヒント
振付のポイントなど楽曲の特徴や振付の運動的意味、日常の保育に生かすヒントなどを紹介しています。

衣装のアイデア・演出のアイデア
簡単で製作に手間のかからない衣装のアイデアや、ちょっとした工夫で華やかになる演出のアイデアを掲載しています。

楽譜
全16曲の楽譜を掲載しています。

『パワフルキットちゃん』『パワフルパワー』『ちきゅうにかぜがふいている』の3曲はPart 2でピアノ伴奏譜を掲載しています。日常の保育に活用してください。

Contents

子どもたちが輝く運動会！……………2
この本について……………3

part1 おどる！運動会

入場行進
グー・チョキ・パー マーチ…………8
振付／山野さと子

準備体操
フレフレたいそう……………12
振付／新沢としひこ

ズーズー★ストレッチ……………14
振付／森 麻美

ぐんぐんダンス（4〜5歳児）
うんどうかいのヒーロー…………18
振付／新沢としひこ

パワフルキットちゃん……………24
振付／田村忠夫

パワフルパワー………………28
振付／森 麻美

のびのびダンス（3〜4歳児）
バナナくんたいそう……………32
振付／新沢としひこ

がんばれパチパチマン……………36
振付／新沢としひこ

スイカメロン………………38
振付／森 麻美

ほわほわダンス（1〜3歳児・親子）
ピヨマーチ………………42
振付／森 麻美

バランスフラミンゴ………………46
振付／新沢としひこ

おひさまジャンプ………………48
振付／川崎やすひこ

🎵 わいわいダンス（みんなで）

世界いちのピース！ ……………50
振付／新沢としひこ

あっぱれ うんどうかい おんど……54
振付／森 麻美

🎵 職員ダンス

がんばっているきみがすき ………58
振付／新沢としひこ・山野さと子

🌷 エンディング

ちきゅうにかぜがふいている ……62
振付／森 麻美

Part 2 うたう！運動会

パワフルキットちゃん ……………66
編曲／柿島伸次　ピアノ編曲／山野さと子

パワフルパワー ……………………70
編曲／柿島伸次　ピアノ編曲／山野さと子

ちきゅうにかぜがふいている ………75
編曲／籠島裕昌　ピアノ編曲／山田リイコ

CDも併せてご活用ください。

新沢としひこの
おどる！ 運動会
定価：本体 2,500 円＋税
発売　株式会社バップ (VAP inc.)
VPCC-86176
URL　http://www.vap.co.jp

01　グー・チョキ・パー　マーチ　2:44
うた／山野さと子
コーラス／新沢としひこ　山田リイコ　森 麻美
金子しんぺい　AMINASTIC

02　フレフレたいそう　1:11
うた／新沢としひこ

03　ズーズー★ストレッチ　2:22
うた／山野さと子
コーラス／新沢としひこ　濱田理恵　山田リイコ　森 麻美

04　うんどうかいのヒーロー　3:00
うた／山野さと子
コーラス／新沢としひこ　山田リイコ　森 麻美
千葉純平　金子しんぺい　AMINASTIC

05　パワフルキットちゃん　3:21
うた／山野さと子
コーラス／山田リイコ

06　パワフルパワー　2:44
うた／山野さと子
コーラス／山田リイコ　森 麻美　AMINASTIC

07　バナナくんたいそう　2:10
うた／山野さと子
コーラス／新沢としひこ　山田リイコ

08　がんばれパチパチマン　2:15
うた／山野さと子
コーラス／新沢としひこ　山田リイコ　千葉純平

09　スイカメロン　1:41
うた／山田リイコ

10　ピヨマーチ　2:09
うた／山田リイコ
コーラス／山野さと子　濱田理恵　森 麻美

11　バランスフラミンゴ　2:34
うた／山野さと子
コーラス／山田リイコ

12　おひさまジャンプ　1:42
うた／山田リイコ

13　世界いちのピース！　2:06
うた／山野さと子
コーラス／新沢としひこ　山田リイコ　森 麻美
千葉純平　金子しんぺい　AMINASTIC

14　あっぱれ うんどうかい おんど　2:11
うた／新沢としひこ　山野さと子　山田リイコ　森 麻美
金子しんぺい　AMINASTIC

15　がんばっているきみがすき　1:49
うた／山野さと子
コーラス／新沢としひこ　山田リイコ

16　ちきゅうにかぜがふいている　3:26
うた／新沢としひこ
コーラス／山野さと子　山田リイコ

編曲／森 悠也 (1・7)
　　　柿島伸次 (2・4・5・6・8・9・13)
　　　濱田理恵 (3・10・12)
　　　籠島裕昌 (11・14・15・16)

Part1 おどる！運動会

子どもたちがイキイキと、楽しんで踊ることができる
ダンスを紹介しています。
一生懸命がんばる子どもたち、
笑顔で踊る子どもたちは、キラキラしています。
子どもたちが輝く運動会を目指して、
元気に踊ってみましょう！

入場行進

グー・チョキ・パー マーチ

CD ♪ Track ①

アナウンス

『グー・チョキ・パー マーチ』に
合わせて、子どもたちの入場です。
行進をしている子どもたちの
小さな手が、かわいく
グー・チョキ・パーしていますよ。
見ているみなさんも、子どもたちの
マネをしてグー・チョキ・パー
してみてくださいね。
さあ、楽しい運動会の始まりです。
みんなでがんばって、
気持ちいい汗をかいて、
すばらしい一日にしていきましょう。

みんなで行進

元気よく行進をしながら、歌に合わせて
グー・チョキ・パーのポーズをします。

1 ググッとグー

両手をグーにして、
力こぶをつくる。

2 チョチョッとチョー

両手をチョキにして、
前に出す。

3 パパッとパー

両手をパーにして、上にあげる。

4 グーグー　チョキチョキ　パーパーパー

歌に合わせて、**1・2・3**のポーズをする。

●振付のポイント
元気でかわいい入場行進曲です。足踏み
をしっかりして、代謝をよくしていきま
しょう。グー・チョキ・パーで手の指も
動かせば、脳細胞も活性化！　いい準備
運動にもなります。

グー・チョキ・パー マーチ

作詞／新沢としひこ　作曲／山野さと子

1. こぶしをにぎって　ググッとグー
   ハサミをつくって　チョチョッとチョー
   その手を　ひらいて　パパッとパー
   ジャンケンポンポン　大行進

   グーグー　チョキチョキ　パーパーパー
   グーグー　チョキチョキ　パーパーパー
   勝っても　負けても　あいこでも
   明日も　青空　グーチョキパーマーチ

2. 幸せつかんで　ググッとグー
   ニコニコピースで　チョチョッとチョー
   大きくはばたけ　パパッとパー
   ジャンケンポンポン　大行進

   グーグー　チョキチョキ　パーパーパー
   グーグー　チョキチョキ　パーパーパー
   勝っても　負けても　あいこでも
   明日も　夕焼け　グーチョキパーマーチ

3. チカラをためて　ググッとグー
   調子はどうだ　チョチョッとチョー
   花よ咲け咲け　パパッとパー
   ジャンケンポンポン　大行進

   グーグー　チョキチョキ　パーパーパー
   グーグー　チョキチョキ　パーパーパー
   勝っても　負けても　あいこでも
   明日も　笑顔で　グーチョキパーマーチ

   明日も　青空　グーチョキパーマーチ

> **みんなでダンス** 『グー・チョキ・パー マーチ』の軽快なリズムに合わせて、
> ダンスをしてもいいですね。

前奏

1番

1 こぶしをにぎって

2 ググッとグー

気をつけの姿勢（8呼間）から、その場で元気よく行進（8呼間）。

顔の高さで、左手・右手の順にグーをつくる。

ひざを曲げて小さくなり、グーにした両手を2回合わせる。

3 ハサミをつくって

4 チョチョッとチョー

5 そのてを　ひらいて

顔の高さで、左手・右手の順にチョキをつくる。

チョキの手のまま、その場で2回ジャンプ。

顔の高さで、左手・右手の順にパーをつくる。

6 パパッとパー

7 ジャンケンポンポン

8 だいこうしん

足を肩幅に開いて左右にゆれながら、パーにした両手を2回あげる。

足踏みをしながら、頭の上で4回手をたたく。

足をそろえて小さくなってから、ジャンプをしながら両手両足を大きく開く。

9 グーグー チョキチョキ パーパーパー

足踏みしながら歌に合わせて、グー・チョキ・パーのポーズをする。

10 グーグー チョキチョキ パーパーパー

9と同じ。

11 かっても まけても あいこでも

足を開いて、左右にゆれながら、かいぐりをする。

12 あしたも

ひじをうしろに引いてひざを曲げて小さくなってから、両手を上げて左足をヒールポイント。

13 あおぞら

小さくなってから、両手を上げて右足をヒールポイント。

14 グーチョキパー

手拍子しながら足踏み。

15 マーチ

両手を上げてポーズ。

2番 3番
1番と同じ。

16 あしたも あおぞら 〜グーチョキパーマーチ

12〜15と同じ。

後奏

最後にもう一度、グー・チョキ・パーのどれか好きなポーズ。

間奏
その場で足踏み。

アレンジ

9〜10のところは、自由に行進してもいいでしょう。

準備体操
フレフレたいそう

アナウンス

全員参加の
『フレフレたいそう』が始まります。
すぐにできる準備体操です。
いきなり体を動かして、
けがをしたり、痛めてしまっては
大変です。運動会を楽しむために、
しっかり全身をほぐしましょう。

前奏

リズムに合わせて、手拍子をする。

1番

1 フレフレフレ 〜 おててふりましょ

ひじを曲げた両手を、リズムに合わせて胸の前で左右に振る。

2 ふって　ふって

両手を小刻みに素早く振る。

2番

3 フレフレフレ 〜 あたまふりましょ

リズムに合わせて頭を左右に振る。

4 ふって　ふって

頭を小刻みに素早く振る。

3番

5 フレフレフレ
〜おしりふりましょ

リズムに合わせてお尻を左右に振る。

6 ふって　ふって

お尻を小刻みに素早く振る。

4番

7 フレフレフレ
〜ぜんぶふりましょ

全身のいろいろなところを振る。

8 ふって～ふって

全身を小刻みに素早く振る。

9 ああ つかれた

疲れたポーズ。

> ●振付のポイント
> 親子で楽しめる準備運動です。
> 子どもたちは日頃の保育の中で、運動会の練習ができますが、保護者は当日来るだけなので、練習しないですぐできる準備体操を、子どもたちと一緒に行いましょう。この体操は、体の部位を順番に振っていくだけ。簡単で、しかもちゃんと準備体操になっていますよ。

フレフレたいそう

作詞・作曲／新沢としひこ

1. フレフレフレ　おててふりましょ
   フレフレフレ　おててふりましょ
   ふって　ふって

2. フレフレフレ　あたまふりましょ
   フレフレフレ　あたまふりましょ
   ふって　ふって

3. フレフレフレ　おしりふりましょ
   フレフレフレ　おしりふりましょ
   ふって　ふって

4. フレフレフレ　ぜんぶふりましょ
   フレフレフレ　ぜんぶふりましょ
   ふって　ふって　ふって
   ああ　つかれた

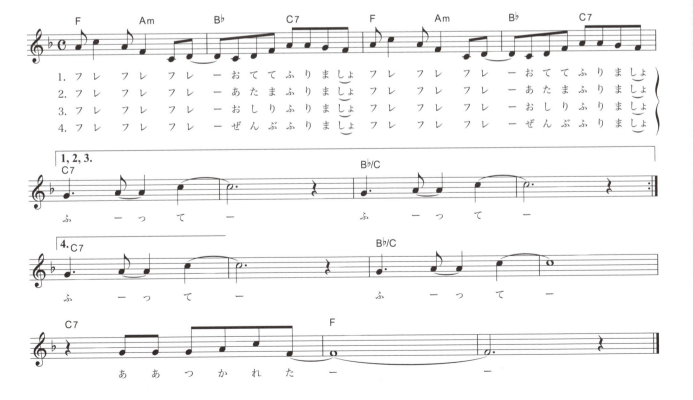

準備体操

ズーズー★ストレッチ

CD♪Track③

アナウンス

動物のまねをすると、体もだんだんと自然に帰って、動物のようにしなやかに、活発に俊敏になっていきますよ。今から『ズーズー★ストレッチ』で、みんな動物になってみましょう。体が動き出すと、顔つきも変わってきます。キリンさんみたいに背すじが伸びて、おサルさんみたいな顔つきになっちゃうかもしれませんね。さあ、やってみましょう、『ズーズー★ストレッチ』！

前奏

楽しく揺れて待つ。

1番

1 くびがながいキリンさん

全身を上に伸ばしながら、右腕をあげて手首を前へ倒す。左手はしっぽのように後ろへ伸ばす。

2 どうして そんなにながいの？

キリンポーズのままで、ひとまわり。

3 のびのび ストレッチしてるから

両手はパーにして高くあげ、全身を上に伸ばし続ける。目線も上にする。

4 ちょっと いっしょにやってみよう

両腕を地面と平行の高さにしてから、太ももを叩くように降ろす。この動きを4回くりかえす。

5 のーびのーび びょん びょん

全身を伸ばし、歌に合わせて、元気よく2回ジャンプする。

6 のーび のーび びょん びょん

5と同じ。

7 「みてみて ながくなっちゃった!!」

＊上半身は無理のない範囲で傾けましょう。

両足を肩幅より広めに開き、上半身が地面と平行になるようなイメージで倒しながら、両手でめがねを作ってのぞくポーズ。そのままの姿勢で右から左へゆっくり動く。

8 ズーズー★

片膝を立てて、しゃがむ。

9 ストレッチ

立ち上がって、自由に
キリンのポーズ。

2番
10 あしのはやいチーターくん

歌が始まる前に走る準備をして、
歌が始まったら、素早くその場で足踏み。

11 どうして そんなにはやいの？

足踏みしながらひとまわりして、
両足を肩幅より広めに開いて気をつけ。

12 ギューギューストレッチ

リズムに合わせて、
前屈を2回。

13 してるから

拍手を3回しながら、
前屈の姿勢から
上体を起こしていく。

14 ちょっといっしょにやってみよう

4と同じ。

15 ギューギュー　パチパチパチ
　　ギューギュー　パチパチパチ

12〜13と同じ動きを2回くりかえす。

16 「みてみて はやく なっちゃった!!」

7と同じ。

17 ズーズー★ストレッチ

8と同様にしゃがんでから、
立ちあがって自由に
チーターのポーズ。

3番

18 おててがながい テナガザル

気をつけの姿勢から、両腕を横に引っ張られているようなイメージで、両手をグーにしてピ～ンと伸ばす。

19 どうして そんなにながいの？

テナガザルポーズでひとまわり。

20 ぐるぐる ストレッチしてる

両腕を伸ばし、下から上に大きく3回まわす。

21 から

両腕に力こぶをつくって、腰を落とす。

22 ちょっと いっしょに やって みよう

4 と同じ。

23 ぐーるぐーる ぐるん　ぐるん ぐーるぐーる ぐるん　ぐるん

20～21を2回くりかえす。

24 「みてみて ながく なっちゃった‼」

7 と同じ。

25 ズーズー★ストレッチ

8と同様にしゃがんでから、自由にテナガザルのポーズ。

間奏

テナガザルのポーズで自由にジャンプをする。

26 かわいいどうぶつ　あつまれば

キリンのポーズ。

27 なんだか　たのしくなっちゃうね

チーターのポーズ。

28 みんなも　ズーズー★ストレッチ

テナガザルのポーズ。

29 ちょっと いっしょに やってみよう

しゃがんでから、歌に合わせて立ちあがり、片手を突き上げる。

30 のーびのーび びよん びよん

5と同じ。

31 ギューギュー パチパチパチ

15と同じ。

32 ぐーるぐーる ぐるん ぐるん

23と同じ。

33 ズーズー★ストレッチ

しゃがんでから、好きな動物のポーズ。

34 ズーズー★ストレッチ

しゃがんでから、好きな動物のポーズ。最後は首を傾けておしまい。

●振付のポイント
かわいい動物になりきって、体をいっぱい使ってストレッチダンス！ ぐーんと体を伸ばすキリンさんのときには、つま先立ちでかかとを高くあげるとよりバランス感覚もアップします。体を前に倒すチーターくんのときは、足を開いて無理なく前屈しましょう。テナガザルでは背すじを伸ばして、腕を大きくまわしてくださいね。

衣装のアイデア

バンダナを巻いてジャングル風に

カラフルなバンダナで気分を盛りあげ、動物になりきって踊りましょう。

ズーズー★ストレッチ

作詞／森 麻美

1. くびがながいキリンさん
  どうして そんなにながいの？
  のびのびストレッチしてるから
  ちょっと いっしょにやってみよう

  のーびのーび びよん びよん
  のーびのーび びよん びよん
  「みてみて ながくなっちゃった‼」
  ズーズー★ストレッチ

2. あしのはやいチーターくん
  どうして そんなにはやいの？
  ギューギューストレッチしてるから
  ちょっと いっしょにやってみよう

  ギューギュー パチパチパチ
  ギューギュー パチパチパチ
  「みてみて はやくなっちゃった‼」
  ズーズー★ストレッチ

3. おててがながいテナガザル
  どうして そんなにながいの？
  ぐるぐるストレッチしてるから
  ちょっと いっしょにやってみよう

  ぐーるぐーる ぐるん ぐるん
  ぐーるぐーる ぐるん ぐるん
  「みてみて ながくなっちゃった‼」
  ズーズー★ストレッチ

4. かわいいどうぶつ あつまれば
  なんだか たのしくなっちゃうね
  みんなも ズーズー★ストレッチ
  ちょっと いっしょにやってみよう

  のーびのーび びよん びよん
  ギューギュー パチパチパチ
  ぐーるぐーる ぐるん ぐるん
  ズーズー★ストレッチ

  ズーズー★ストレッチ

▶楽譜は22ページに掲載しています

 ぐんぐんダンス　4～5歳児　CD♪Track 4

うんどうかいのヒーロー

アナウンス

○歳児さんが踊る
『うんどうかいのヒーロー』のはじまりです。
かっこよくポーズを決める、
○歳児さんの勇姿をご覧ください。
今日のために、みんなダンスの練習を
してきました。キレのある動きに
注目してください。
一人ひとりがヒーローになって、踊ります！

前奏

三三七拍子のリズムで、右で3回、左で3回、
腕を右から左へ回しながら7回大きく手拍子をする。

1番

1　まちにまってた

腕を振りながら、
左足を前に踏み出す。

右足を前に
クロスさせる。

左足を後ろに引く。

右足も後ろに引く。
＊いわゆるボックス
ステップです。

**2　あさが
きたよ**

1をくり返す。

3　きょうは　うんどうかい

右足を一歩前に大きく
踏み出して、両手は大きく
上に広げる。

右足を戻してそろえ、
手はこぶしを握って
胸の前に。

左足を一歩前に大きく
踏み出して、両手は大きく
上に広げる。

左足を戻してそろえ、
手はこぶしを握って
胸の前に。

4 そらは あおく

右手を高く上げて、左右にサイドステップ。
（右足を横に一歩出し左足を右足につけ、次に左足を横に一歩出し右足を左足につける）

5 くもは しろく

4 をくり返す。

6 みんなをまっている

左手を腰にあてたまま足を開き、右腕をぐるっとまわして肩の横で力こぶをつくる。

左腕も同様にぐるっとまわして力こぶをつくる。

7 かぜがふいて いろとりどりに ～はじまる うんどうかい

1～6 をくり返す。

8 ファイトだ

リズムに合わせて、右腕に力こぶをつくって、右へサイドステップ。

左腕に力こぶをつくって、左へサイドステップ。

9 ファイトだ

8 と同じ。

10 あかかて

両手を右上に伸ばしながらサイドステップ。

11 しろかて

両手を下ろして、すぐに左上に伸ばしながらサイドステップ。

10 と同じ。

12 スタートの

スピードスケート選手のように前かがみになり、
両腕を右に振り上げ、左足を後ろに引く。反対側も同様に行う。

13 ホイッスル

12 と同じ。

14 ひびきわたるよ

その場で全速力で足踏み。

15 ファイトだ ファイトだ ～だれもが すばらしい

8 ～ 13 をくり返す。

16 うんどうかいの ヒーロー

直立のまま両腕を
グルグル 2 回まわす。

左腕はまっすぐ左上に伸ばし、
右腕はひじを曲げて、両腕を平行に。
右足に体重をのせて「ヒーローポーズ」。

2番
1番 と同じ。

間奏
1 ～ 6 と同じ。

17 ファイトだ ファイトだ ～うんどうかいの ヒーロー

8 ～ 16 と同じ。

間奏

前奏と同じように三三七拍子の
リズムで、大きく手拍子をする。

後奏

三三七拍子のリズムで、
大きく手拍子して終わり。

うんどうかいのヒーロー

作詞／新沢としひこ

1. まちにまってた　あさがきたよ
　きょうは　うんどうかい
　そらはあおく　くもはしろく
　みんなをまっている
　かぜがふいて　いろとりどりに
　はためく　ばんこっき
　むねはドキドキ　こころワクワク
　はじまるうんどうかい

　＊ファイトだ　ファイトだ
　　あかかて　しろかて
　　スタートの　ホイッスル
　　ひびきわたるよ
　　ファイトだ　ファイトだ
　　きみかて　ぼくかて
　　だれもが　すばらしい
　　うんどうかいの　ヒーロー

2. きゅうなカーブ　ころんだって
　またたちあがれ　みんなみてる
　てをふってる　えがおでさけんでる
　しろいくつに　いつのまにか
　つばさがはえて　とりのように
　とびあがれよ　ゴールをめざして

　　ファイトだ　ファイトだ
　　あかかて　しろかて
　　おうえんの　ファンファーレ
　　ひびきわたるよ
　　ファイトだ　ファイトだ
　　きみかて　ぼくかて
　　だれもが　ひかってる
　　うんどうかいの　ヒーロー

　＊くりかえし

▶楽譜は23ページに掲載しています

●振付のポイント

アイドルソングのような軽やかさ、楽しさ、かっこよさが特徴の元気よく踊るヒーローソングです。変身のポーズや、スピードスケートの選手、短距離ランナーのような動きが取り入れられています。腕を斜め上に伸ばすなどのポーズをしっかり決めましょう。表情もすごく大事です。かっこいい顔で踊りましょう！

衣装のアイデア

胸に「パワーバッジ」をつけて！

① 黄色のカラー工作紙を丸く切り、星型にカットした赤い画用紙を中央に貼る。

② 強力な両面テープで胸に貼ったり、小さく作って帽子に貼ったりしてヒーローらしく！

ズーズー★ストレッチ

作詞／森 麻美　作曲／新沢としひこ

1. くびーがなが い キリンさん　どうしてそんなに ながーいの
2. あしーのはやい チーターくん　どうしてそんなに はやーいの
3. おててがなが い テナガザル　どうしてそんなに ながーいの
4. かわいいどうぶつ あつまれば　なんだかたのしく なっちゃうね

のびのびストレッチ してるからちょっと いっしょにやっ てみ よう
ギューギューストレッチ してるからちょっと いっしょにやっ てみ よう
ぐるぐるストレッチ してるからちょっと いっしょにやっ てみ よう
みんなもズーズー ストレッチちょっと いっしょにやっ てみ よう

のー びのー び びょん びょん　のー びのー び びょん びょん
ギュー ギュー パチ パチ パチ　ギュー ギュー パチ パチ パチ
ぐー るぐー る ぐるん ぐるん　ぐー るぐー る ぐるん ぐるん
のー びのー び びょん びょん　ギュー ギュー パチ パチ パチ

みてみて ながく なっちゃった　ズー ズー ストレッ チ
みてみて はやく なっちゃった　ズー ズー ストレッ チ
みてみて ながく なっちゃった　ズー ズー ストレッ チ
ぐーるぐーる ぐるん ぐるん　ズー ズー ストレッ チ

うんどうかいのヒーロー

作詞・作曲／新沢としひこ

ぐんぐんダンス　4〜5歳児　　CD ♪ Track ⑤

パワフルキットちゃん

アナウンス

○歳児さんが今年選んだ曲は『パワフルキットちゃん』です。キットちゃんの「キット」には、
きっと夢がかなうという意味が込められています。きっといつかみんなの夢がかなうように、心をこめて踊ります。
のばした手の指先にまで、ちゃんと力が届いているパワフルなキットちゃんたちの体操をご覧ください。

前奏

両手を伸ばし、手のひらを見せてクロスさせる。

左右の手を入れかえながら、上にあげて、元の位置に戻す。

リズムに合わせて、両手を開いて、閉じて、開く。

1番

1 こころの

右手を閉じる。

2 なかに

左手を閉じる。

3 みつけ

右手を開く。

4 た

左手を開く。

5 すてきなちから

腕を大きくまわして力こぶ。これを2回。

6 ゆめみることで　うまれる

1〜4と同じ。

7 パワフルキットちゃん

5と同じ。

24

8 きっと きみにもできる

右足のかかとをついて、
右手で指差し4回。

9 きっと ぼくにもできる

左足のかかとをついて、
左手で指差し4回。

10 なにかをやりたいきもちが

右・左・右・左とこぶしを突き出す。

11 むねにいっぱいあるなら

両手を広げて、右・左・右・左と
手の高さを変えながらジャンプ。

12 モリモリ

ひざを4回たたく。

13 きっと

胸の前で両腕をクロスしてから、
こぶしをあげる。

14 グングン きっと

上げる手を変えて、12～13と同じ。

15 ドキドキ

頭を4回たたく。

16 ワクワク

両腕を曲げて、
脇を4回しめる。

17 パワフルキットちゃん

右手・左手をほっぺに
あてて、両手を
くるくるまわす。

18 げんきが きっと ゆうきが きっと

12〜14と同じ。

19 かがやく パワフル キットちゃん

17と同じ動きを してから、 最後はジャンプ。

間奏

両腕を曲げて片手を 肘にあてるポーズ。　左右を 入れかえる。

前奏の最後と同じように、両手を開いて、閉じて、開く。

2番

1番と同じ。

間奏 （A）を2回してから（B）を2回。これをくりかえす。

（A）

両手を握って、片手を頭の上、 片手をお腹の前にする サルのポーズでジャンプ。　左右の手を 入れかえる。

（B）

両手を開いて、片手を お腹の前、反対の手を 開くポーズ。　左右の手を 入れかえる。

20 きっときみにもできる 〜むねにいっぱいあるなら

8〜11と同じ動きをしてから、 ガッツポーズを3回。

21 モリモリ　きっと グングン　きっと 〜かがやく パワフルキットちゃん

12〜19と同じ。

パワフルキットちゃん

作詞／新沢としひこ

1. 心の中に見つけた　すてきな力
   夢みることで生まれる　パワフルキットちゃん
   きっと君にもできる　きっと僕にもできる
   何かをやりたい気持ちが　胸にいっぱいあるなら

   ＊モリモリ　きっと　グングン　きっと
   　ドキドキ　ワクワク　パワフルキットちゃん
   　元気がきっと　勇気がきっと
   　輝く　パワフルキットちゃん

2. しょんぼりしてた自分に　今日でさよなら
   これからずっと心に　パワフルキットちゃん
   きっと何でもできる　きっといつかはできる
   未来を信じる力が　わきあがってくるから

   ピカピカ　きっと　ビュンビュン　きっと
   明日は青空　パワフルキットちゃん
   みんながきっと　だれでもきっと
   笑顔で　パワフルキットちゃん

   きっと君にもできる　きっと僕にもできる
   何かをやりたい気持ちが　胸にいっぱいあるなら

   ＊くりかえし

`後奏`

前奏と同じように、手のひらを見せ、
左右を入れかえながら上下に動かす。

ガッツポーズをして、左・正面・右を向く。

正面を向いて、大きく腕をまわして、ジャンプ！

●振付のポイント
踊っていると元気になってくるパワフルな体操です。歌詞の意味を理解して、楽しく踊りましょう。きっと、お遊戯などを照れはじめる5歳児の男の子などでも、楽しんで踊ってくれますよ。

衣装のアイデア

胸にパワフルシールを貼って
体操着にカラークラフトテープを貼って元気印に。
子どもたちが自分の好きな色を選んで自由に貼ってもいいですね。

▶楽譜は66ページに掲載しています（ピアノ伴奏譜付き）

ぐんぐんダンス 4〜5歳児
パワフルパワー

CD ♪ Track ⑥

アナウンス
「この歌をうたうと、この歌で踊ると、なんだか元気になるよ」と子どもたちはいつも言っています。今日は見ているみなさんに、その元気を分けてくれることでしょう。今日一日、みんながパワフルに過ごせますように。どんな競技も、どんなダンスも、楽しくパワフルにできますように。子どもたちが元気に踊ります。

1番

前奏

両手にポンポンを持って、気をつけの姿勢で待つ。

1 なみだがポロポロ こぼれる

その場で足踏みをする。

2 ときは

ビシッと気をつけをする。

3 ひみつの

足を開き、両手は腰にあてる。

4 じゅもんを

右手を元気よく上にあげる。

5 となえてみるのよ

少し腰を落として、頭の上で円を描くように右手を大きく1回まわす。

6 ききめは

右手を上にあげたまま、リズムをとる。

7 バツグン

両膝を曲げて腰を落とし、体を右斜めに傾けながら、両手で頭の上に輪をつくる。

8 たちまち

7のまま、リズムをとる。

9 げんき

反対側に体を傾けながら、両腕に力こぶをつくる。

10 ことばはかんたん あとはきもちしだい

その場で足踏みをする。
サビに入る直前に、左手を腰にあて、
グーにした右手を左の胸にあてる。

11 ワタシハ ワタシヲ

膝で軽くリズムをとりながら、
右手で4回胸をたたく。

12 シンジテイル

11のポーズで
ジャンプをしながら、
右まわりでひとまわり。

13 ワタシノ チカラヲ

膝で軽くリズムをとりながら、
左手で4回胸をたたく。

14 シンジテイル

13のポーズでジャンプをしながら、
左まわりでひとまわりし、
最後に両手を下に構える。

15 パワフル

腰を落として、両腕を
大きくまわし、力こぶを
つくって「パワフルポーズ」。

16 パワー パワフルルル

「パワフルポーズ」のまま、4回ジャンプをする。

17 ふしぎなパワー パワフルル

15〜16と同じ。

18 わたしのパワー 生まれてくる

15〜16と同じ。

19 パワフル

両足をそろえて、
両手を胸の前で
クロスする。

20 パワー

元気よく「ヒュー!!」と声を出しながら、両手と両足を同時にひらく。

2番
前奏 ～ 1番 と同じ。

間奏

近くの友達と集まって、サークルをつくる。
（早く集まれたら、右まわりで歩く）

21 ワタシハ ワタシヲ シンジテイル

リズムに合わせて歩きながら、サークルの中央にギューッと集まる。

22 ワタシノ チカラヲ シンジテイル

背中合わせなって外を向き、両手を胸の前にして揺れて待つ。

23 パワフルパワー パワフルルル

両手を振って、「わー!!」と元気よく声を出しながら、外に向かって走る。

24 ふしぎなパワー パワフルル

ひじを曲げたまま、両手を左右に揺らす。

25 わたしのパワー うまれてくる

元気よく「わー!!」と声を出しながら、両手両足を同時にひらく。

26 パワフルパワー パワフルパワー

19～20を2回くりかえす。

27 パワフルパワー

しゃがんで待ち、曲の最後に元気よく「ヤー！」と声を出して立ちあがる。

●振付のポイント
自分の力を信じて！ そんなメッセージが込められている歌です。胸に手をあてて「♪ワタシハワタシヲシンジテイル」という歌詞をしっかり伝えて、気持ちを表現してもらいたいと思います。「♪パワフルパワー」では、元気いっぱい腕をまわして大きく動きましょう。ポンポンを持たなくても楽しく踊れます。

演出のアイデア

華やかなポンポンダンスに！
両手にはポンポンを持って、元気いっぱいに踊りましょう。

パワフルパワー
作詞／新沢としひこ

1. 涙がポロポロ こぼれるときは
   ひみつの呪文を となえてみるのよ
   ききめはバツグン たちまち元気
   言葉はかんたん あとは気持ちしだい

   ★ワタシハ ワタシヲ シンジテイル
   　ワタシノ チカラヲ シンジテイル

   ☆パワフルパワー パワフルルル
   　不思議なパワー パワフルル
   　わたしのパワー 生まれてくる
   　パワフルパワー

2. 心がぺしゃんと つぶれたときは
   わたしの呪文を となえてみるのよ
   ききめはバツグン たちまち元気
   言葉はかんたん あとは気持ちしだい

   アナタハ アナタヲ シンジテイル
   アナタノ チカラヲ シンジテイル

   パワフルパワー パワフルルル
   不思議なパワー パワフルル
   あなたのパワー 生まれてくる
   パワフルパワー

   ★くりかえし

   ☆くりかえし

   パワフルパワー
   パワフルパワー

▶楽譜は70ページに掲載しています（ピアノ伴奏譜付き）

のびのびダンス 3〜4歳児
バナナくんたいそう

アナウンス

身近で栄養豊富なバナナ、手軽でおいしくて、なんて素敵な食べ物なんでしょう。
食卓にいつもバナナがあるというご家庭も多いかと思います。『バナナくんたいそう』は誰でもすぐに踊れる簡単な体操です。「できそうだな」と思ったら、大人の方も一緒に体を動かしてみてくださいね。
ちょうどいいカロリー消費になりますよ。

前奏 リズムに合わせて、ツーステップをくりかえす。

| ツーステップの動き | 横に一歩。 | 足をそろえて膝を軽く曲げる。 | 反対に一歩。 | 足をそろえて膝を軽く曲げる。 |

1番

1 みなみの くにから　　**2** ふね　　**3** にの　　**4** り

手拍子4回、足踏み4回。　膝を軽く曲げて両手で叩く。　両手で両肩にタッチする。　両手を広げて、バンザイ。

32

5 やってきたのは バナナくん

1～4の くりかえし。

6 バナナ バナナ バナナ
バナナ バナナ バナナ

両手を伸ばし、リズムに合わせて左右に
大きく体を振る。この動きを4回。

間奏

リズムに合わせて、ツーステップを4回。
3・4回目は膝を曲げて、大きくステップする。

2番
7 バナナに であった
ひとたちは
～バナナ バナナ バナナ

1番と同じ。

間奏

1番の後の 間奏 と同じ。

3番
8 ピカピカ たいよう すいこんで
～バナナ バナナ バナナ

1番と同じ。

間奏

リズムに合わせて、ツーステップ。3・4回目は両手を
広げたまま、大きくステップ。

4番

9 みかづき　みたいな
　　そのカーブ
　　〜バナナ　バナナ　バナナ

1番 と同じ。

間奏

3番 の後の
間奏 と同じ。

5番

10 あさには　いっぽん
　　ひる　にほん
　　〜バナナ　バナナ　バナナ

1番 と同じ。

11 バナナ　バナナ　バナナ　バナナ　バナナ　バナナ

両手を伸ばして
左右に体を振る動きを、
倍の速さで8回。

後奏

頭の上で両手を合わせてから、
体を少しずつ曲げていき、
バナナポーズ。

●振付のポイント
小さい子でもできるように作った、とても簡単な体操です。くりかえしが多く、ほとんど練習の必要がありません。とても人気がある体操で、大人でも楽しく踊ることができます。シンプルで盛りあがりますので、是非みんなで踊ってみてください。

衣装のアイデア

❶ 半透明の白いポリ袋を、絵のように首と袖の部分をカットする。（70Lの大きさの袋が、4歳児にちょうどよい大きさです。）

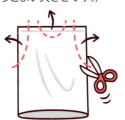

❷ 両脇に切り込みを入れ、不織布などで作ったバナナを両面テープで貼る。

❸ 子どもの体の大きさに合わせて、両脇を結んで完成。マジックでステッチなどを描くと、かわいく仕上がります。

短めの丈がかわいい！

バナナくんたいそう

作詞・作曲／新沢としひこ

1. みなみの くにから ふねにのり
やってきたのは バナナくん
バナナ バナナ バナナ バナナ バナナ バナナ

2. バナナに であった ひとたちは
たちまち バナナが すきになる
バナナ バナナ バナナ バナナ バナナ バナナ

3. ピカピカ たいよう すいこんで
きいろい バナナに なりました
バナナ バナナ バナナ バナナ バナナ バナナ

4. みかづき みたいな そのカーブ
うっとり あまくて いいにおい
バナナ バナナ バナナ バナナ バナナ バナナ

5. あさには いっぽん ひる にほん
おやつに なんぼん たべよかな
バナナ バナナ バナナ バナナ バナナ バナナ
バナナ バナナ バナナ バナナ バナナ バナナ

のびのびダンス　3〜4歳児　CD♪Track 8

がんばれパチパチマン

アナウンス

遠い宇宙の星からやってきたヒーローたちの登場です。いったいどんなヒーローが出てくるのでしょうか？
どうやら「パチパチマン」は、ずっと拍手をパチパチしているヒーローのようです。
それでは他のヒーローとは？　次々と登場してくるさまざまなヒーローに目が離せませんね。

前奏

8呼間で足を閉じて、手をY字に伸ばす。

その場で足踏み7歩。

最後の8歩目で、気をつけの姿勢。

1番
パチパチマンの
とうじょうだ
〜がんばれパチパチマン

足踏みしながら、手拍子をする。

2番
トンガリマンの
とうじょうだ
〜がんばれトンガリマン

両手を合わせて腕を伸ばし、音楽に合わせて左右にとんがる。

3番
ペラペラマンの
とうじょうだ
〜がんばれペラペラマン

両手をあげて、全身をペラペラ揺する。

4番
ブルブルマンの　とうじょうだ
～がんばれブルブルマン

手足を左右交互に突き出し、プルプル震わせる。

5番
ピョンピョンマンの　とうじょうだ
～がんばれピョンピョンマン

自由にピョンピョンと跳ぶ。

6番
パチパチマンの
とうじょうだ
～がんばれ
パチパチマン

1番 と同じ。

間奏

足踏みしながら
ひとまわり。

最後は気を
つけの姿勢。

後奏

12呼間その場で
足踏み。

足を閉じて、
胸の前で腕を
クロスして静止。

最後は手をY字に
伸ばしてポーズ。

● 保育のヒント
いろいろな「○○マン」に変身する表現遊び歌です。歌に合わせて、「○○マン」になりきって踊りましょう。日常の保育では、子どもたちと自由に「○○マン」を考えて、たくさんの「○○マン」になって遊びましょう。バリエーションは無限にあります。

▶楽譜は44ページに掲載しています

 **3～4歳児**

スイカメロン

CD ♪ Track ⑨

アナウンス

子どもたちはスイカもメロンも大好きです。
どっちも大きくて、丸くて、おいしくて。
もしも、両方あったらどうしましょう？
さあ、子どもたちが、スイカやメロンを全身で
表現してくれますよ。おいしそうなスイカと
メロンになれるかな？
あなたはスイカ派？　メロン派？　どっちもと
いうあなたにぴったり「スイカメロン」！

前奏

元気よく行進をする。

1番

1 なつには　やっぱり

両足は肩幅に広げ、両手は大きく開く。

2 スイカ

膝を深く曲げて目線も重心も下げ、
両腕で丸をつくる。
＊スイカポーズ

3 いやいや
やっぱり
メロン

ゆっくり上半身を起こしながら、頭の上に両手で大きな丸をつくる。
＊メロンポーズ

4 スイカ

メロンポーズのまま、待つ。

5 メロン　スイカ
メロン
どっちも　たべたい
スイカメロン

メロンポーズでリズムにのって、
左右に揺れる。

2番

6 しましまもようの　スイカ
　　アミアミもようの　メロン

2番が始まる前に、
右手を上、左手を下にして準備。
歌が始まったら、
リズムにのってお尻を振りながら、
両手を上下に動かす。

7 スイカ　メロン
　　スイカ　メロン
　　どっちも　まるいよ
　　スイカメロン

4～**5**と同じ。

8 われたら　まっかな　スイカ

ゆっくりしゃがみながら、力をため、元気よくバンザイをして立ち上がる。

9 あまい　においの
　　メロン

8と同じ。

10 スイカ　メロン
　　～どっちも　パカッと
　　スイカメロン

4～**5**と同じ。

11 スイスイおよいで　スイカ
　　あなたにメロメロ　メロン

泳いでいるように腕を大きくまわしたり、
脇をパタパタさせたりしながら、自由に動きまわる。

12 スイカ　メロン
　　～どっちも　だいすき
　　スイカメロン

4～**5**と同じ。

13 スイカ　メロン
　　～スイカメ　スイカメ
　　スイカメロン

5と同じ。

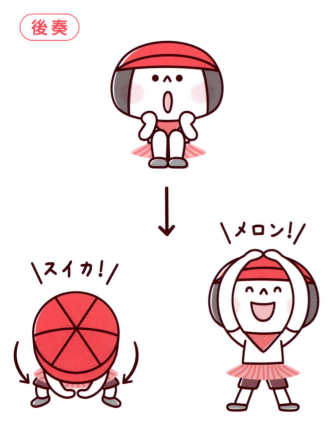

しゃがんで力をためてから、最後に元気よく
スイカポーズかメロンポーズをする。

●振付のポイント
子どもたちが大好きな果物をテーマにした「まんまるダンス」です。スイカもメロンも、かわいい丸い形。イメージしやすいからこそ、動きやすい！ パカッと割れる動きは、体にいっぱい力を入れて！「スイスイおよいで〜」のところは、自由に表現しながら楽しんでください。

衣装のアイデア

スイカメロンに変身！

赤いバンダナを着けたり、スズランテープで作った腰ミノを巻いたりしてスイカメロンになりきって踊りましょう。

★2歳児で踊るときには…

2番も**1番**と同じ動きで踊ってもいいでしょう。また **12** も、**8** の「うぅ〜」「パカッ」の動きをくり返してもいいですね。

スイカメロン

作詞／山田リイコ　作曲／新沢としひこ

1. なつには　やっぱり　スイカ
   いやいや　やっぱり　メロン
   スイカ　メロン　スイカ　メロン
   どっちも　たべたい　スイカメロン

2. しましまもようの　スイカ
   アミアミもようの　メロン
   スイカ　メロン　スイカ　メロン
   どっちも　まるいよ　スイカメロン

3. われたら　まっかな　スイカ
   あまい　においの　メロン
   スイカ　メロン　スイカ　メロン
   どっちも　パカッと　スイカメロン

4. スイスイおよいで　スイカ
   あなたにメロメロ　メロン
   スイカ　メロン　スイカ　メロン
   どっちも　だいすき　スイカメロン

   スイカ　メロン　スイカ　メロン
   スイカメ　スイカメ　スイカメロン

ほわほわダンス　1〜3歳児・親子　CD♪Track⑩

ピヨマーチ

アナウンス

お尻をふりながら、ピヨピヨピヨピヨ…、
かわいいヒヨコちゃんたちの登場です。
みなさん、拍手で迎えてください。
さあ、これからの未来、
たくましく自分の足で人生を
歩いていくヒヨコちゃんたちを、
あたたかい目で見守ってください。
毎日新しいことに出会い、毎日大冒険、
さあ「ピヨマーチ」が始まります。

前奏

ヒヨコさんの
ポーズで待つ。

1番

1 くさむらのなかも　もりのなかも
〜どんなところでも　いくよ

保育者と一緒にピヨピヨと
歩きながら、お散歩する。

2 おーい　おーい

両手を口のあたりに構え、元気よく
「おーい、おーい」とリズムに合わせていう。

3 おいで

両手を上から下へおろし、
手まねきの動きを2回。

4 ピヨピヨピヨピヨ

歌にあわせて、
その場で4回足踏み。

5 あるける

しゃがむ。

6 よ

立ち上がるのと同時に、
お尻を後ろに出す。

7 おーい　おーい
おいで
ピヨピヨピヨピヨ
ピヨマーチ

2〜6と同じ。

2番

1番と同じ。

42

間奏

保育者が「こっちだよ〜」などと声をかけながら、自由に歩きまわる。

8 おーい おーい おいで 〜ピヨピヨピヨピヨ ピヨマーチ

2〜7と同じ。

9 ピヨピヨピヨピヨ ピヨマーチ

しゃがんで待って、最後はひよこポーズ。

● 振付のポイント
「おーい おーい おいで」とみんなを誘いながら、保育者と一緒に自信満々に歩く楽しいピヨピヨダンスです。しゃがんで立つときに、お尻をプリッと出すとかわいいヒヨコちゃんになりますよ。自然と屈伸運動ができ、バランス感覚を養うことができます。

演出のアイデア

トンネルや草むらをおいて、ピヨマーチの世界を演出。段ボールの草むらを歩いたり、スズランテープのトンネルをくぐったりすると、より楽しくなります。

子どもたちがスズランテープをくぐるときは、曲をいっぱい使ってゆっくりくぐってもいいですし、曲のタイミングに合わせてくぐれるように、保育者がさりげなくスズランテープを動かして、「みんなくぐれたねー！」と楽しい雰囲気を演出してもいいですね。

▶楽譜は45ページに掲載しています

衣装のアイデア

ちょうネクタイやサスペンダー風でかわいらしく

不織布で作った大きめのちょうネクタイをつけたり、黒い不織布を両面テープでTシャツに貼ってサスペンダー風にしたりすると、かわいらしいヒヨコになりますよ。

がんばれパチパチマン

作詞・作曲／新沢としひこ

1. パチパチマンの　とうじょうだ
   パチパチマンの　とうじょうだ
   パチパチマンの　とうじょうだ
   がんばれパチパチマン

2. トンガリマンの　とうじょうだ
   トンガリマンの　とうじょうだ
   トンガリマンの　とうじょうだ
   がんばれトンガリマン

3. ペラペラマンの　とうじょうだ
   ペラペラマンの　とうじょうだ
   ペラペラマンの　とうじょうだ
   がんばれペラペラマン

4. ブルブルマンの　とうじょうだ
   ブルブルマンの　とうじょうだ
   ブルブルマンの　とうじょうだ
   がんばれブルブルマン

5. ピョンピョンマンの　とうじょうだ
   ピョンピョンマンの　とうじょうだ
   ピョンピョンマンの　とうじょうだ
   がんばれピョンピョンマン

6. パチパチマンの　とうじょうだ
   パチパチマンの　とうじょうだ
   パチパチマンの　とうじょうだ
   がんばれパチパチマン

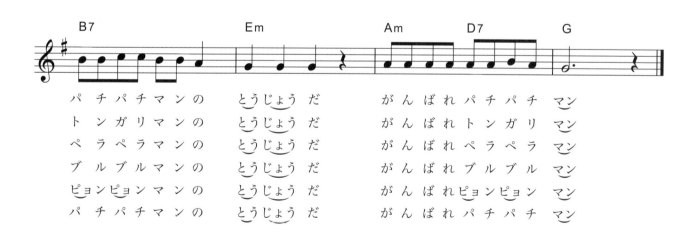

ピヨマーチ

作詞／森 麻美　作曲／新沢としひこ

1. くさむらのなかも　もりのなかも
   どんなところでも　いくよ
   ガタゴトみちでも　のぼりざかでも
   どんなところでも　いくよ

2. あめがふっても　かぜがふいても
   どんなところでも　いくよ
   みずのなかでも　ゆきのうえでも
   どんなところでも　いくよ

　＊おーい　おーい　おいで
　　ピヨピヨピヨピヨ　あるけるよ
　　おーい　おーい　おいで
　　ピヨピヨピヨピヨ　ピヨマーチ

　＊くりかえし（2回）

　　ピヨピヨピヨピヨ　ピヨマーチ

ほわほわダンス 1〜3歳児・親子
バランスフラミンゴ
CD ♪ Track ⑪

バランスフラミンゴ
作詞・作曲／新沢としひこ

1. わたしフラミンゴ　いっぽんのほそい足
　 だけど　ぜったい　たおれない

2. わたしフラミンゴ　いっぽんのほそい足
　 えさを　たべても　たおれない

3. わたしフラミンゴ　いっぽんのほそい足
　 いねむり　したって　たおれない

4. わたしフラミンゴ　いっぽんのほそい足
　 足を　あげても　たおれない

5. わたしフラミンゴ　いっぽんのほそい足
　 バタバタしたって　たおれない

6. わたしフラミンゴ　いっぽんのほそい足
　 ゆかに　さわっても　たおれない

7. わたしフラミンゴ　いっぽんのほそい足
　 ピタッと　とまって　うごかない

> ●遊びのポイント
> 片足で立つことは、難しいものです。歌に合わせて、フラミンゴのようにバランスをとり、親子でポーズをきめてみましょう。「ピタッ」ととまったり、目を閉じたり、片足をあげる動きを「ちゃんとできる」ことが目的ではありません。「できない」ことを楽しむ遊びです。保護者のポーズを子どもがまねしたり、保護者がふらつくのを楽しんだりと、ゆったりとした雰囲気で会場がなごみます。

アナウンス

フラミンゴは細い一本足で、
見事にバランスをとって立っています。
さあ、これからみんながやるのは
「バランスフラミンゴ」。
今日は親子でチャレンジしてみましょう。
フラフラしたり、ヨロヨロしたりするのが
当たり前。フラミンゴのマネをしながら、
一本の足で立っていることが
できるでしょうか。

共通
**わたしフラミンゴ
いっぽんのほそいあし**

両手を広げて、片足で立つ。

1番
**だけど ぜったい
たおれない**

ゆらゆらしてもできるだけ、キープ。

2番
**えさを たべても
たおれない**

片手を口元に置き、首を前後に振ってえさを食べるまねをする。

3番
**いねむり したって
たおれない**

両手を胸の前で合わせて、目をつぶる。

4番
**あしを あげても
たおれない**

片足をあげる。

5番
**バタバタしたって
たおれない**

片足をあげて、両手をバタバタさせる。

6番
**ゆかに さわっても
たおれない**

片足をあげて、手で床にさわる。

7番
**ピタッと とまって
うごかない**

片足で立って、できるだけピタッと止まる。

前奏
歌が始まるまで、静かに待つ。

間奏
それぞれの動きを続け、最後に足を下ろす。

後奏
歌が終わるまで、片足のままキープ。

ほわほわダンス　1〜3歳児・親子

おひさまジャンプ

CD ♪ Track ⑫

おひさまジャンプ
作詞／川崎やすひこ　作曲／新沢としひこ

1. ジャンプして　ジャンプして
　　ほら　おひさまを　つかまえろ
　　　クル　クルーリ
　　　クル　クルーリ
　　あおいあおい　そらまで
　　てをのばせ

2. ジャンプして　ジャンプして
　　ほら　いまだけは　ひとりじめ
　　　フワ　フワーリ
　　　フワ　フワーリ
　　しろいしろい　くもまで
　　とんでいけ

　　＊1、2番くりかえし

> ●遊びのポイント
> 親子ですぐにできる簡単なふれあい遊びです。普段はなかなか親子でふれあう時間が持てなくても、運動会の日は特別。親子のスキンシップをたっぷりしましょう。子どもを抱っこしたり高い高いをしたりすることで、子どもの成長を実感できますね。

アナウンス

親子のみなさん、出番です。
赤ちゃんも参加できますよ。
しっかりふれあって、
絆を深めていきましょう。
スキンシップは心の栄養。子どもたちの
手をとって、体を抱きあげて、
どんどん大きくなっていきましょう。
それでは、今から「おひさまジャンプ」！

前奏

親子で向き合って用意。

1番

1 ジャンプして　ジャンプして

リズムに合わせて親子で
手をつないでジャンプする。

2 ほら
おひさまを
つかまえろ

親は子どもを抱っこする。

3 クル　クルーリ
クル　クルーリ

子どもを抱っこしたまま、
その場でまわる。

4 あおいあおい
そらまで
てをのばせ

子どもを高い高いする。

2番

5 ジャンプして
ジャンプして
〜いまだけは
ひとりじめ

1〜2と同じ。

6 フワ　フワーリ
フワ　フワーリ

親が子どもを
抱っこして歩く。

7 しろい
しろい
くもまで
とんでいけ

4と同じ。

間奏

親子で手をつないで自由に歩き、
他の親子にあいさつ。

★乳児の親子も一緒に

乳児を抱っこしたまま、
ゆったり揺れたり、
ジャンプをしたり、
お散歩をしたり、一緒に
参加して楽しみましょう。

49

わいわいダンス **みんなで**

世界いちのピース！

CD ♪ Track ⑬

アナウンス

写真撮影の時間がやってきました。
子どもたちのイキイキとした
すばらしい表情を、写真に納めてください。
歌に合わせて踊る子どもたちが、
「イェー！」とポーズをします。
そのシャッターチャンスを
逃さないようにしてくださいね。
それでは、『世界いちのピース！』。

前奏

自由隊形に広がって音楽が始まったら、
こぶしを突きあげて「イェー！」。

「せかいいちの　ピース！」

両手でピースサインをつくり、
腕を伸ばして「ピース！」。

1番

1 サイコーの　なかまと

右に3歩進んで、4歩目で手拍子。

2 サイコーの　まいにち

左に3歩進んで、4歩目で手拍子。

3 サイコーの　きぶんで
　　サイコーの　しゅんかんを

1〜2と同じ。

4 いま　やきつけろ（フー）

手のひらを見せ、前に押し出す
ように腕を伸ばして揺らす。

「フー」と言いながら
両手をあげて、細かく振る。

5 セッティング　あつまって　あつまって

自由隊形から、中央に集まってくる。

6 ハイ　ポーズ　きめて　きめて

Vの字に広げた両手の上に顔をのせるようにして、左右に揺れる。

7 ハイ　チーズ　わらって　わらって　せかいいちのピース

両手の人さし指をほっぺたにあてて、ニコニコしながら左右に揺れる。

8 イエ〜！

カメラに向かって、ピースサイン！

間奏

再び自由隊形に広がる。

2番
9 とびっきりの　なかまと　とびっきりの　まいにち　〜いま　やきつけろ（フー）

1〜4と同じ。

10 セッティング　あつまって　あつまって

中央に集まってきて、気をつけの姿勢。

11 せいれつ ならんで ならんで

気をつけの姿勢でぴょんぴょん跳ねる。

12 せっきん くっついて くっついて せかいいちのピース

両手をグーにしてひじを曲げ、脇をしめたり開いたりしながら左右に揺れる。

13 イエ〜！

カメラに向かって、ピースサイン！

間奏

自由隊形に広がる。

3番
1番と同じ。

14 セッティング あつまって あつまって 〜せかいいちのピース イエ〜！

10 〜 13 と同じ。

後奏
さらに中央に集まり、ひざを曲げて小さくなって構え、最後にはじけて「イエー！」。

●振付のポイント
楽しく記念写真を撮るための体操です。この歌を使って踊りながらポーズをとっていくと、シャッターのタイミングがわかるのでポーズもとりやすく、しかも自然な顔で、とても良い集合写真を撮ることができますよ。

世界いちのピース！

作詞・作曲／新沢としひこ

「世界いちの　ピース！」

1. サイコーの　なかまと　サイコーの　まいにち
　サイコーの　きぶんで　サイコーの　しゅんかんを
　今　やきつけろ

　★セッティング　あつまって　あつまって
　　ハイ　ポーズ　きめて　きめて
　　ハイ　チーズ　わらって　わらって
　　世界いちのピース　イエ〜！

2. とびっきりの　なかまと　とびっきりの　まいにち
　とびっきりの　きぶんで　とびっきりの　しゅんかんを
　今　やきつけろ

　☆セッティング　あつまって　あつまって
　　せいれつ　ならんで　ならんで
　　せっきん　くっついて　くっついて
　　世界いちのピース　イエ〜！

3. ベリーグーな　なかまと　ベリーグーな　まいにち
　ベリーグーな　きぶんで　ベリーグーな　しゅんかんを
　今　やきつけろ

　★くりかえし

　☆くりかえし

🎵 わいわいダンス　みんなで　　CD♪Track⑭

あっぱれ うんどうかい おんど

アナウンス

運動会の1日が終わろうとしています。
みんな、本当にがんばりましたね。その姿、
本当に「あっぱれ」でした。すばらしかった。
音頭のリズムにのって、「あっぱれ、あっぱれ」と、
みんなで褒め合い、讃え合いましょう。

前奏

みんなで輪になって、手拍子をして待つ。

1番

1 みんな　かけっこ
がんばった

両腕を大きく振りながら、
リズムに合わせて4歩進む。

2 みんな つなひき　がんばった
〜みんな　ちからを　だしきった

1と同じ動きを、3回くりかえす。

3 たのしい　じかんは
あっというまに

その場で、4回手拍子。

4 すぎていく

手のひらを下にして、右ひじをまげ、
左腕を伸ばして、ひとまわり。

5 「おどりましょう！」

両手をパーにして、
リズムをとりながら待つ。

6 かっても

リズムに合わせて、
2回手拍子。

54

7 あっぱれ

両手をパーにして、左足に重心をかけて右足をあげる。

8 まけても

6 と同じ。

9 あっぱれ

両手をパーにして、右足に重心をかけて左足をあげる。

10 あっぱれ

腰を少し落とし、左手を腰にあて、パーにした右手を額あたりに構える。

11 あっぱれ

リズムに合わせて、左手もパーにして額あたりに構える。

12 あっぱれ

11 のポーズのまま右足に重心をのせ、左足をあげて「おっとっと〜」と言いながら、3歩移動する。

13 こどもも　あっぱれ
おとなも　あっぱれ　あっぱれ
あっぱれ　うんどうかい

6 〜 12 と同じ。

2番 1番と同じ。

14 かっても　あっぱれ　まけても　あっぱれ
〜あっぱれ　あっぱれ　うんどうかい

6 〜 12 と同じ。

15 あっぱれ
うんどう

両腕をゆっくり大きく上にあげていく。

16 かい

両手をパーにして
額あたりに構える。

後奏

2回手拍子して、最後は「あっぱれポーズ」。

あっぱれ うんどうかい おんど

作詞／川崎やすひこ

1. みんな　かけっこ　がんばった
   みんな　つなひき　がんばった
   おひさまも　いちにち　がんばった
   みんな　ちからを　だしきった

   たのしい　じかんは
   あっというまに　すぎていく

   ＊かっても　あっぱれ　まけても　あっぱれ
   　あっぱれ　あっぱれ　あっぱれ
   　こどもも　あっぱれ　おとなも　あっぱれ
   　あっぱれ　あっぱれ　うんどうかい

2. みんな　たまいれ　がんばった
   みんな　たいそう　がんばった
   てるてるぼうずも　がんばった
   みんな　こころが　つながった

   おうえんの　こえが
   あおいそらまで　ひびいてた

   ないても　あっぱれ　わらっても　あっぱれ
   あっぱれ　あっぱれ　あっぱれ
   からだに　あっぱれ　げんきに　あっぱれ
   あっぱれ　あっぱれ　うんどうかい

   ＊くりかえし

   あっぱれ　うんどうかい

● 振付のポイント
勝ったり負けたり、うれしかったりくやしかったり、いろいろあっても、がんばったみんなは本当にあっぱれ！余計なことは考えず、のんきに明るく、「あっぱれ、あっぱれ」と踊ってみてください。体を気持ちよく動かすことが大切です。

あっぱれ うんどうかい おんど

作詞／川崎やすひこ　作曲／新沢としひこ

1. みんな かけっこ がんばった　みんな つなひき がんばった
2. みんな たまいれ がんばった　みんな たいそう がんばった

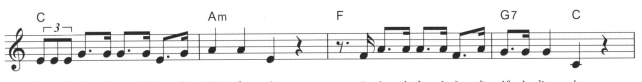

おひさま も いちにち がんばった　みんな ちからを だしきった
てーるてるぼうず も がんばった　みんな こころが つながった

たのしい じかんは あっというまに すぎていく
おうえんの こえが あおいそらまで ひびいてた

かっても あっぱれ まけても あっぱれ あっぱれ あっぱれ あっぱれー
ないても あっぱれ わらっても あっぱれ あっぱれ あっぱれ あっぱれー

こども も あっぱれ おとな も あっぱれ あっぱれ あっぱれ うんどうかい
からだに あっぱれ げんきに あっぱれ あっぱれ あっぱれ うんどうかい

 職員ダンス

がんばっているきみがすき

CD♪Track ⑮

アナウンス

今日は一日、がんばっている子どもたちの姿に、私たち職員は、とても感動しました。
そう、負けたって転んだって泣いたってがんばっている君が、みんなみんな大好きだよ。
がんばった君たちに、先生たちがダンスでエールを贈ります。

前奏

（8呼間）下を向いて手を
後ろで組み、足を開いて立つ。
顔をあげて、胸の前で
手のひらを下にしてポーズ。

（8呼間）右手、左手の順に
腕を広げ、両手を同時に
胸の前に戻したり広げたりを
2回くりかえす。

（8呼間）左右に
ステップを踏みながら、頭の
上で手拍子をする。

（8呼間）
右足を
前にして
しゃがみ、
両手を振る。

1番

1 おもいどおりになんか

気をつけの姿勢から、左足に重心を残したまま右足を横に
踏み出す。同時に、右手のひらを前に向けて顔にかざす。
反対側にも同じ動きをする。

2 ならない　まいにちだけど

1と同じ。

3 いっしょうけんめいって　ことば

右足を前に踏み出しながら、両手を下から前に出し左足を
そろえる。両手をグーにしてあごの下にそろえ、お尻を振る。

58

4 きみは いつでも わすれない

右足から後ろに下がりながら、
3 と同じ動きをする。

5 がんばっている

足を開いてガッツポーズをし、
左右にリズムをとりながら、
左・右とこぶしをあげる。

6 きみがすき

手のひらを上にして両手を
前につき出し、音楽に合わせて
2 回手拍子。

7 ひたいに あせが

左右にステップして、
右手をひらひらさせて
振りおろす。

8 ひかってる

左右にステップしながら、
左手をひらひらさせて
振りおろす。

9 がんばっている きみがすき ひっしに なみだ こらえてる

5〜8 と同じ。

間奏

両手を胸の前から広げながら
ひとまわりして、右足を踏み出して
座り、両手を前にして揺らす。

2番

1番 と同じ。

10 がんばっている きみがすき 〜ひっしに なみだ こらえてる

5〜9 と同じ。

間奏

「すてき！」
「かっこいい〜」
などと声を出しながら、
自由に両手を振ったり、
ジャンプをしたりして、
みんなにエールを贈る。

11 がんばっている きみがすき
5〜6と同じ動きをする。

12 がんばっている きみがすき
5〜6と同じ動きをする。

間奏 みんなに エールを贈る。

後奏 エールを贈ってから、両手を胸の前で合わせ、最後に両手をあげてポーズ。

4〜5歳児向けのダンス

1 おもいどおりに

左足を曲げて、右足と両手を右方向にのばす。

2 なんか
1と同じ。

3 ならない まいにちだけど

1と反対向きの動きを2回。

4 いっしょう けんめいって ことば
片足でバランスをとりながら、忍者のように人さし指を立てて指を組む。
＊2番では足をかえます。

5 きみは いつでも わすれない

体を丸めて小さくうずくまり、両手両足を広げて大きくジャンプ。

6 がんばっている きみがすき

歌に合わせて、その場でランニング。

7 ひたいに あせが

右手のひらを前に向けて、汗をぬぐう動作。

8 ひかってる

左手で、汗をぬぐう動作。

9 がんばっている きみがすき ひっしに なみだ こらえてる
6〜8と同じ。

●楽曲のポイント
がんばっているのはダサくてかっこ悪い、なんて嫌われてしまうこともある昨今ですが、額に汗を光らせてがんばっている子どもたちは本当に素敵だと思います。そんな思いからつくられたこの歌に、今回、かわいいダンスがつきました。一生懸命がんばっている子どもたちを、大人たちが応援してあげましょう。

がんばっているきみがすき

作詞・作曲／新沢としひこ

1. おもいどおりになんか
   ならない まいにちだけど
   いっしょうけんめいって ことば
   きみは いつでも わすれない

   *がんばっている きみがすき
    ひたいに あせが ひかってる
    がんばっている きみがすき
    ひっしに なみだ こらえてる

2. へこたれそうな ことばかり
   まいにち おこるけど
   へこたれないさ しらぬまに
   たちなおっている ものなのさ

   がんばっている きみがすき
   ころんだ ひざが よごれてる
   がんばっている きみがすき
   ぶつけた ひじに ちがにじむ

*くりかえし
 がんばっている きみがすき
 がんばっている きみがすき

 エンディング

ちきゅうにかぜがふいている

CD ♪ Track 16

アナウンス

みなさん、今日は一日お疲れ様でした。
楽しい楽しい運動会でしたね。
みんな、今、風が吹いているのを感じますか？
そう、地球にはいつも風が吹いています。
それはね、希望の風なんですよ。
最後は、希望の風に
ハンカチを振ってお別れです。

前奏

右手にハンカチを持ち、左手を
腰にあて、左右に揺れて待つ。

1番

1 ちきゅ

左足に重心を移して、
ハンカチを右から左に振る。

2 うに

右足に重心を移して、
ハンカチを左から右に振る。

3 かぜが ふいて

1〜2と同じ動きを2回。

4 いる

右まわしで大きく腕をまわす。

5 やさ

右足に重心を移して、
ハンカチを左から
右に振る。

6 しい

左足に重心を移して、
ハンカチを右から
左に振る。

**7 かぜが
ふいて**

5〜6と同じ
動きを2回。

8 いる

左まわしで大きく腕をまわす。

9 ライオンのひげを

しゃがんで小さくなる。　両手を広げて立ち上がる。

10 くすぐって

9と同じ。

11 たんぽぽの　わたげを　はこんでゆく

左右に揺れながら、なわとびのひもをまわすように、両手首をくるくるまわす。

12 ちきゅうに　かぜが　ふいている　〜しろいくもを　いくつも　ちぎってゆく

1〜11と同じ。

13 みんなが　おなじ　〜おんなじ　かぜを　すってい

リズムに合わせて、ジャンプする。

14 る

右手を胸にあて、その手を勢いよく右斜め上にあげる。

15 ラララ　ぼくも　ラララ　わたしも　〜ラララ　あなたも

左右に6回ずつ、頭の上で大きくハンカチを振る。

16 おなじ　かぜを　すって

少し腰と膝を曲げて、両脇を閉じる。

17 いる

元気よくバンザイをして、ハンカチを持ったまま両手を振る。

2番

18 ちきゅうに　かぜが　ふいている
　　～みんなの　うたごえを　はこんでゆく

1～11と同じ。

19 みんなが　おなじ　だいちの
　　～おんなじ　かぜを　すっている

13～14と同じ。

20 ラララ　ぼくも
　　ラララ　わたしも
　　～おなじ　かぜを
　　　すっている

15～17と同じ。

21 おなじ　かぜを　すって

くりかえしの最後は、
しゃがんで小さくなる。

22 いる

両手を広げて立ち上がる。

後奏

片ひざを立てて座り、最後に右手を上げる。

●振付のポイント
ハンカチや帽子などを振って、運動会のエンディングを華やかに演出します。応援してくれたみなさんにありがとう。お友達にありがとう。地球にありがとう。いろいろなありがとうを込めて踊りましょう。
くりかえしの部分は前後左右にいるみなさんに手を振りながらおじぎをしたり、トラックを1周しながらサビの部分だけ踊るようにしてもいいでしょう。

ちきゅうにかぜがふいている
作詞／新沢としひこ

1. ちきゅうに　かぜが　ふいている
　やさしい　かぜが　ふいている
　ライオンの　ひげを　くすぐって
　たんぽぽの　わたげを　はこんでゆく

　ちきゅうに　かぜが　ふいている
　おおきな　かぜが　ふいている
　きんいろの　むぎばたけ　なみだたせ
　しろいくもを　いくつも　ちぎってゆく

　みんなが　おなじ　だいちの　うえで
　おんなじ　かぜを　すっている

＊ラララ　ぼくも　ラララ　わたしも
　おなじ　かぜを　すってる
　ラララ　きみも　ラララ　あなたも
　おなじ　かぜを　すっている

2. ちきゅうに　かぜが　ふいている
　きぼうの　かぜが　ふいている
　そらいっぱいに　ゆめを　ふくらませ
　みんなの　うたごえを　はこんでゆく

　みんなが　おなじ　だいちの　うえで
　おんなじ　かぜを　すっている

＊くりかえし（2回）

▶楽譜は75ページに掲載しています（ピアノ伴奏譜付き）

Part 2 うたう！運動会

簡単に弾けて、心地よくうたうことができる
ピアノ3段譜を掲載しています。
運動会でおどった歌を、日常保育でうたってみましょう。
子どもたちも保育者も、きっと元気が出てきますよ。

ちきゅうにかぜがふいている

作詞／新沢としひこ　作曲／中川ひろたか

75

新沢としひこ （しんざわ・としひこ）
シンガーソングライター、元保育者

学生時代よりライブハウスで音楽活動を始める。東京の保育園で保育を経験した後、数多くのCDや楽譜集を発表。現在はソロコンサートやジョイントコンサート、保育講習会の講師として活躍するかたわら、CD制作のほか児童文学の執筆や絵本を出版するなどマルチに才能を発揮している。
代表作「世界中のこどもたちが」は、小学校の教科書にも採用され、数多くのアーティストにカバーされている。2011年3月には「さよならぼくたちのようちえん」がテレビドラマの主題歌に採用されたほか、つるの剛士のアルバムに「にじ」「ともだちになるために」が収録されるなど、その楽曲に注目が集まっている。

新沢としひこに関するお問い合わせ

アスク・ミュージック
http://ask7.jp/
〒150-0043　東京都渋谷区道玄坂 2-18-11-807
TEL 03-3477-7794 （平日10時～18時）
＊お気軽にお電話ください。
✉ ask@ask7.jp

 アスク・ミュージック公式
この本で紹介しているダンスや体操の動画を見ることができます。

カバーイラスト／市川彰子
本文イラスト／市川彰子、北村友紀、中小路ムツヨ
カバー・本文デザイン／鈴木利枝子
楽譜浄書・編集協力／有限会社アスク・ミュージック
本文校正／有限会社くすのき舎
編集／西岡育子

新沢としひこの　おどる！運動会
2018年6月　初版第1刷発行

著　者／新沢としひこ
発行人／村野芳雄
編集人／西岡育子
発行所／株式会社チャイルド本社
　　　　〒112-8512　東京都文京区小石川 5-24-21
　　　　電話／03-3813-2141（営業）　03-3813-9445（編集）
振　替／00100-4-38410
印刷・製本／共同印刷株式会社

日本音楽著作権協会（出）　許諾第 1802982-801 号
©TOSHIHIKO SHINZAWA 2018　Printed in Japan
ISBN978-4-8054-0272-6
NDC376　26×21cm　80P

乱丁・落丁本はお取り替えいたします。
本書の内容の一部あるいは全部を無断で複写複製することは、法律で認められた場合を除き、著作権者及び出版社の権利の侵害となりますので、その場合は予め小社宛て許諾を求めてください。

チャイルド本社ホームページアドレス　http://www.childbook.co.jp/
チャイルドブックや保育図書の情報が盛りだくさん。どうぞご利用ください。